GENDARMERIE

PROGRAMMES
DES EXAMENS A SUBIR PAR LES
OFFICIERS ET SOUS-OFFICIERS
DE L'ARMÉE
POUR ENTRER DANS
LA GENDARMERIE
AINSI QUE PAR LES
SOUS-OFFICIERS DE CETTE ARME
PRÉSENTÉS POUR LE GRADE DE SOUS-LIEUTENANT

3ᵉ ÉDITION

PARIS | **LIMOGES**
11, Place St-André-des-Arts | Nouvelle route d'Aixe, 46

IMPRIMERIE ET LIBRAIRIE MILITAIRES

Henri CHARLES-LAVAUZELLE
Éditeur.

1890

EXTRAIT DU CATALOGUE

DE LA

Librairie militaire Henri Charles-Lavauzelle

RÈGLEMENT DU 29 NOVEMBRE 1884, POUR LES FRAIS DE COMPARUTION EN JUSTICE ET LE TRANSFÈREMENT DES PRISONNIERS, suivi de diverses notes et circulaires complétives. — Brochure in-32, de 40 pages.. » 30

DÉCRET DU 19 OCTOBRE 1887 SUR LA COMPTABILITÉ DES PRÉVÔTÉS EN CAMPAGNE, avec modèles et tableaux. — Brochure in-8º de 76 pages..... » 60

INSTRUCTION DU 25 OCTOBRE 1887 SUR LE SERVICE PRÉVÔTAL DE LA GENDARMERIE AUX ARMÉES. — Brochure in-8º de 188 pages.............. 1 30

PRÉVÔTÉ AUX ARMÉES. — Extrait des circulaires des 19 et 25 octobre 1887. — Volume in-32 cartonné de 64 pages................................ » 60

INSTRUCTION SUR LES CONDITIONS D'ADMISSION DANS LA GENDARMERIE DES OFFICIERS ET DES SOUS-OFFICIERS DE L'ARMÉE, et programmes des examens à subir. — Fascicule in-32 de 96 pages...... » 50

INSTRUCTION SUR LES EMPLOIS CIVILS RÉSERVÉS AUX SOUS-OFFICIERS, à l'usage des militaires de la gendarmerie. — Br. in-32 de 12 pages.... » 50

LOI DU 23 JANVIER 1873 SUR L'IVRESSE PUBLIQUE, annotée et commentée, fascicule in-32 de 18 p.. » 25

LOI TENDANT À RÉPRIMER L'IVRESSE PUBLIQUE ET A COMBATTRE LES PROGRÈS DE L'ALCOOLISME, promulguée le 3 février 1873, en placard...... » 15

LOI DU 10 AVRIL 1886 SUR L'ESPIONNAGE, en plac. » 15

LOI DU 3 MAI 1844 SUR LA POLICE DE LA CHASSE, modifiée par la loi du 22 janvier 1874, annotée et commentée par M Bertrand, procureur de la République, à l'usage de la gendarmerie. — Fascicule in-32 de 32 pages.................... » 30

(Voir la suite page 3 de la couverture.)

GENDARMERIE

PROGRAMMES
DES EXAMENS A SUBIR PAR LES
OFFICIERS ET SOUS-OFFICIERS
DE L'ARMÉE
POUR ENTRER DANS
LA GENDARMERIE
AINSI QUE PAR LES
SOUS-OFFICIERS DE CETTE ARME
PRÉSENTÉS POUR LE GRADE DE SOUS-LIEUTENANT

3ᵉ ÉDITION

PARIS | **LIMOGES**
11, Place St-André-des-Arts. | Nouvelle route d'Aixe, 46.

IMPRIMERIE ET LIBRAIRIE MILITAIRES

Henri CHARLES-LAVAUZELLE
Éditeur.

1890

SOMMAIRE

	Pages.
Index des ouvrages à consulter.	3
Extrait de l'Instruction du 20 mars 1890 sur le service courant.	7
Décision présidentielle du 26 mars 1890 modifiant les conditions d'ancienneté de grade exigées des sous-lieutenants de l'armée qui demandent à concourir pour la Gendarmerie.	16
Programmes du 22 mars 1890.	19

INDEX DES OUVRAGES A CONSULTER

POUR LA PRÉPARATION DES EXAMENS

Pour l'étude de ces examens, les candidats peuvent adresser, à M. Henri Charles-Lavauzelle, libraire-éditeur militaire, à Paris et Limoges, une demande des ouvrages suivants :

Décret du 1er mars 1854, portant règlement sur *l'organisation et le service de la gendarmerie*, édition mise à jour avec les modifications survenues jusqu'au mois de novembre 1889 et annoté par un officier de l'arme. — Vol. in-8º de 216 pages cartonné .... 2 »
Le même, intercalé de papier blanc........... 3 »
Règlement du 10 juillet 1889 sur le service intérieur de la gendarmerie, suivi de l'instruction spéciale du 25 avril 1873 sur l'hygiène des chevaux des brigades de gendarmerie, édition annotée commentée par un officier supérieur de l'arme. — Vol. in-8º, cartonné, de 144 pages..................... 1 »
Le même, intercalé de papier blanc........... 2 »
Instruction ministérielle du 30 avril 1883, sur le service municipal de la garde républicaine. — Vol. in-8º de 64 pages .... » 40
Instruction du 21 juillet 1889 sur le service intérieur de la garde républicaine. — Vol. in-8º, cartonné, de 64 pages... 1 »
Questionnaire général sur les règlements, lois et différents services de la gendarmerie, à l'usage de MM. les officiers et chefs de brigade, par V. Bollot, chef d'escadron de gendarmerie en retraite, chevalier de la Légion d'honneur (Nouvelle édition). — Vol. in-18 de 108 pages, broché................ 1 25

Règlement sur les exercices à pied et à cheval de la gendarmerie, approuvé par le Ministre de la guerre le 2 mai 1883 modifié par note ministérielle du 7 juin 1889, figures dans le texte. — Vol. in-32, cartonné, de 424 pages.................................. 1 35

Règlement sur les exercices à pied de la gendarmerie, approuvé par le Ministre de la guerre le 2 mai 1883 modifié par note ministérielle du 7 juin 1889, figures dans le texte. — Vol. in-32 cartonné de 198 pages.. 1 »

Nouveaux codes français et lois usuelles civiles et militaires. Recueil spécialement destiné à la gendarmerie et à l'armée (édition de 1890). — Vol. in-32 de 1164 p. Relié toile anglaise............. 5 »

Dictionnaire des connaissances générales utiles à la gendarmerie, par L. Amade, chef de légion et, pour la partie administrative, par E. Corsin, capitaine de gendarmerie. — Fort vol. in-8º, broché, de 800 p. (7ᵉ édition)......................... » 5
Relié en toile anglaise................... 6 »

Guide formulaire de la gendarmerie dans l'exercice de ses fonctions de police judiciaire, civile et militaire, par Etienne Meynieux, docteur en droit. — Vol. in-8º de 540 pages, relié toile (5ᵉ mille)...... 6 »

Décret du 18 février 1863, portant règlement sur la solde, les revues, l'administration et la comptabilité de la gendarmerie, annoté et mis à jour jusqu'au 1ᵉʳ août 1887, par E. Corsin, capitaine de gendarmerie. — Vol. in-8º, relié toile anglaise, de 278 pages............................... 4 »

Cours abrégé d'hippologie rédigé par les soins de la commission d'hygiène hippique, approuvé par le Ministre de la guerre le 2 avril 1875 et mis en concordance avec la réglementation, le 20 novembre 1889, avec nombreuses figures intercalées dans le texte. — Vol. in-32 cartonné de 312 pages............ 1 50

La présente instruction..................... » 50

Ministère de la guerre. Géographie. — Vol. in-18, 174 pages, avec 14 cartes................... 3 »

Ministère de la guerre. Histoire militaire. — Vol. in-18, 246 pages, avec 12 cartes............ 4 50
Loi du 19 *mai* 1834 sur l'état des officiers, brochure in-18.................................. » 25

Le catalogue librairie est envoyé à toute personne qui en fait la demande.

En outre, comme il est indispensable que les candidats à la gendarmerie se tiennent dès maintenant au courant de toutes les questions qui intéressent cette arme et de toutes les circulaires et décisions qui modifient journellement ses règlements, nous les engageons instamment à s'abonner à l'*Echo de la Gendarmerie,* journal créé spécialement pour la défense des intérêts de l'arme.

On s'abonne dans tous les bureaux de poste au prix de 6 fr. 50 par an.

L'Annuaire spécial de l'arme de la Gendarmerie est envoyé chaque année gratuitement aux abonnés.

EXTRAIT DE L'INSTRUCTION

du 20 mars 1890

SUR LE SERVICE COURANT

Propositions pour la gendarmerie. — Officiers et sous-officiers.

(Rentrant dans les attributions du général commandant le corps d'armée auquel appartiennent normalement les troupes ou services.)

Art. 100. Les propositions en faveur des capitaines, lieutenants et sous-lieutenants qui désirent entrer avec leur grade dans la gendarmerie, ainsi que celles concernant les adjudants, maréchaux des logis chefs et sergents-majors qui demandent à concourir pour les emplois de maréchal des logis ou de brigadier doivent parvenir au Ministre le 1er janvier.

Les conditions que doivent réunir les candidats et les pièces à produire sont indiquées ci-après :

1° *Officiers.*

Limite d'âge : { Capitaines, 40 ans révolus au 31 décembre de l'année courante ; Lieutenants et sous-lieutenants, 36 ans.

Tous ces officiers doivent avoir au moins 25 ans d'âge.

Les sous-lieutenants doivent avoir un an d'activité dans leur grade au 31 décembre de l'année précédant la proposition ; il n'y a pas de conditions d'ancienneté pour les lieutenants et les capitaines.

Les candidatures des officiers proposés sont annulées de plein droit si les intéressés viennent à être promus au grade supérieur avant d'être admis dans la gendarmerie.

Cette dernière disposition n'est pas applicable aux officiers qui figurent au tableau actuel de concours (Décision présidentielle du 26 mars 1890).

Les capitaines, lieutenants et sous-lieutenants d'infanterie, proposés pour la gendarmerie, qui ont fait preuve, devant l'inspecteur général de gendarmerie, de connaissances assez sérieuses en équitation, en hippiatrique et en hippologie, sont admis à concourir, avec les officiers des troupes à cheval, pour la gendarmerie départementale, à la condition de faire un stage de six mois dans un régiment de cavalerie. Ce stage a lieu après leur admission.

Par suite, les officiers d'infanterie qui désirent entrer dans la gendarmerie doivent exprimer nettement, dans leur demande, leur option pour les emplois montés ou les emplois d'infanterie de l'arme.

2° Sous-officiers.

Limite d'âge : { Adjudants, 35 ans.
Maréchaux des logis chefs et sergents-majors, 32 ans.

Tous les candidats doivent, au 31 décembre de l'année courante, avoir au moins 25 ans, un an de grade et d'emploi et compter trois ans de services effectifs.

Le minimum de taille est fixé à 1^m,66.

Les pièces à produire sont les suivantes :

1° Pour les officiers : acte de naissance, état signalétique et des services, extrait du feuillet du personnel remontant à cinq ans, demande de l'intéressé ;

2° Pour les sous-officiers : acte de naissance, état signalétique et des services, relevé des punitions, demande de l'intéressé, une page écrite sous la dictée, certificat d'aptitude physique délivré par un médecin du corps, certificat de toisé, extrait du casier judiciaire.

Propositions pour la gendarmerie. — Troupe.

(Rentrant dans les attributions du général commandant le corps d'armée auquel appartiennent normalement les troupes ou services.)

Art. 101. Les conditions pour être admis dans la gendarmerie sont indiquées ci-après :

Limite d'âge : 40 ans.

Toutefois, nul ne doit être proposé s'il est trop âgé pour pouvoir compléter à soixante ans le temps de service exigé pour la retraite.

Les candidats doivent, au 31 décembre de l'année courante, avoir au moins 25 ans et compter trois ans de services effectifs.

Ils doivent savoir lire et écrire correctement et avoir une conduite éprouvée, exempte de reproches.

Le minimum de taille est fixé à 1^m,66 pour les deux armes, sans tolérance.

Les pièces à fournir sont les mêmes que celles exigées pour les sous-officiers.

Une décision du 24 mars 1852 (*J. M.*, tome V, page 366) met à la charge des chefs de corps les frais de route et d'entrée en solde des militaires qui sont proposés pour la gendarmerie, et qui sont reconnus, après leur admission dans l'arme, incapables ou indignes d'en faire partie. Le général, après avoir rappelé au chef de corps cette décision et la responsabilité pécuniaire qu'elle lui impose, s'assure par lui-même que les hommes présentés pour être admis dans la gendarmerie réunissent toutes les conditions indiquées ci-dessus ; il fait toiser et visiter avec soin les militaires qui désirent entrer dans la gendarmerie, et examine, avec la plus scrupuleuse attention, s'ils offrent toutes les garanties morales nécessaires pour servir honorablement dans l'arme.

Chaque corps est autorisé à présenter :

ARME A PIED.

Pour la garde républicaine de Paris...............	Un candidat par régiment, bataillon ou escadron formant corps.
Pour la gendarmerie des départements..........	
Pour la gendarmerie coloniale................	

ARME A CHEVAL.

Pour la garde républicaine de Paris...............	Un nombre illimité de candidats.
Pour la gendarmerie des départements..........	
Pour la gendarmerie coloniale................	

En outre, mais par exception seulement, des propositions pour l'emploi d'élève garde ou d'élève gendarme sont faites en faveur des militaires ayant au moins 22 ans d'âge et une année de service et possédant une instruction militaire complète, savoir :

POUR LA GARDE RÉPUBLICAINE, LA GENDARMERIE D'AFRIQUE ET LA GENDARMERIE COLONIALE.

Arme à pied	*Un* par régiment, bataillon ou escadron formant corps ;
Arme à cheval............	*Deux* par régiment et *un* par escadron formant corps.

Les candidats présentés pour des emplois d'élève seront prévenus *qu'ils ne pourront être admis qu'après entier épuisement des propositions établies pour la nomination aux emplois de gendarme ou garde titulaire.*

Les chefs de corps doivent faire figurer sur les états de proposition tous les militaires sous leurs ordres déjà présentés antérieurement pour la gendarmerie et qui, désirant toujours y être admis, sont encore dans les conditions voulues pour concourir. Ces propositions renouvelées sont portées en sus de celles que le corps est autorisé à présenter chaque année.

Lors des présentations, les chefs de corps doivent indiquer, à l'encre rouge, sur les propositions, si le candidat a déjà été présenté et rendre compte, au fur et à mesure, de toute mutation survenue dans sa position ; ils doivent également rendre compte, sans aucun délai, des punitions subies par le candidat, quand elles paraîtront assez graves pour entraîner l'annulation de la proposition faite en sa faveur.

Les hommes désignés pour la garde républicaine ne peuvent être choisis parmi les militaires provenant du contingent et des enrôlements du département de la Seine, à moins d'être notoirement de très bons sujets.

Les contingents ci-dessus déterminés sont formés, autant que possible, au moyen de militaires gradés. Les simples soldats ne peuvent y être compris qu'exceptionnellement et lorsqu'ils en sont reconnus dignes par leur instruction et leur excellente conduite.

Il importe que le général s'assure spécialement du degré d'aptitude des candidats sous le rapport de l'instruction et qu'il exige que les dossiers des candidats contiennent une page de dictée.

Il écarte toute proposition faite en faveur de militaires qui auraient subi plusieurs punitions pour *ivresse* ou absence illégale.

Il s'assure que les militaires proposés pour la gendarmerie départementale ne sont pas en même temps l'objet de propositions pour la garde républicaine ou la gendarmerie coloniale. Ces propositions, faisant double emploi, pourraient occasionner de doubles nominations.

Il n'est présenté pour l'arme à cheval que des hommes possédant des connaissances hippiques et l'aptitude nécessaire pour le service de la cavalerie ; les hommes proposés pour la cavalerie de la garde républicaine doivent être choisis, *autant que possible*, parmi ceux ayant au moins $1^m,70$. Les autres candidats peuvent toujours être présentés pour l'arme à pied. Ces militaires, sous-officiers, brigadiers ou cavaliers, lorsqu'ils sont admis dans la gendarmerie, sont autorisés à emmener les chevaux immatriculés à leur nom ou tous autres chevaux de troupe disponibles des corps auxquels ils appartiennent, âgés de cinq ans au moins et de huit ans au plus.

Ils remboursent ces chevaux au prix d'achat.

Toutefois, dans le but d'encourager les militaires des corps de troupe à cheval à donner de bons soins à leurs montures et à s'y attacher, il est tenu compte à ceux qui emmènent leurs chevaux, au moment de leur passage dans la gendarmerie, des annuités de possession qu'ils ont acquises sur lesdits chevaux et qui viennent alors en déduction du prix d'achat.

Les canonniers conducteurs, les sapeurs conducteurs et les militaires non gradés du train des équipages militaires, peuvent être proposés pour l'arme à cheval, s'ils réunissent les conditions exigées pour cette arme.

En ce qui concerne la 15e légion *ter* (Corse), les chefs de corps ne doivent proposer que des continentaux. Les candidats à présenter sont choisis de préférence parmi les hommes originaires des pays de montagne et des départements du Midi.

Les militaires originaires de la Corse, qui désirent être admis dans la gendarmerie, sont prévenus qu'ils ne peuvent pas être proposés pour la 15e légion *ter*, attendu qu'ils doivent servir préalablement pendant *trois ans* dans les corps ou légions de gendarmerie employés sur le continent.

Le chef de corps joint aux états des hommes qu'il a choisis : 1° un relevé complet et détaillé des services ; 2° le relevé des punitions subies depuis l'entrée au service ; 3° une demande spéciale d'admission dans la gendarmerie, écrite *en sa présence* par chacun des militaires désignés ; 4° une page écrite sous la dictée ; 5° un certificat constatant l'aptitude physique, établi par un médecin du corps ; 6° un certificat de toisé ; 7° un extrait du casier judiciaire ; 8° l'acte de naissance.

Les hommes de troupe proposés pour la gendarmerie, à quelque titre que ce soit, attendent à leur corps la décision du Ministre.

Leur livret matricule est envoyé directement aux conseils d'administration des corps ou compagnies de gendarmerie dans lesquels ils sont nommés.

Quant aux militaires qui rentreraient dans leurs foyers avant d'avoir été nommés, ils doivent être prévenus que, s'ils persistent dans l'intention de se faire admettre dans la gendarmerie, ils ont à se faire proposer à nouveau par le chef d'escadron commandant la compagnie dans la circonscription de laquelle ils se sont retirés.

Les caporaux, brigadiers et soldats rengagés avec prime dans les conditions spécifiées aux articles 63 et 64 de la loi du 15 juillet 1889 et 2 du décret du 5 octobre suivant, qui désireraient entrer dans la gendarmerie, doivent être prévenus que leur admission dans cette arme n'a aucunement pour effet de rompre leur engagement et qu'ils restent liés au service jusqu'à son expiration, aucune reprise ne pouvant être exercée au profit de l'Etat sur le montant de la prime qui leur est allouée.

En cas d'inconduite, ils seront réintégrés à leur corps d'origine, ou, au besoin, dans une compagnie de discipline jusqu'au jour de leur libération du service, qu'ils doivent accomplir dans l'armée active.

Les propositions pour la gendarmerie (troupe) doivent parvenir au Ministre deux fois l'an, le 1er janvier et le 1er juillet.

DÉCISION PRÉSIDENTIELLE

modifiant les conditions d'ancienneté de grade exigées des sous-lieutenants de l'armée qui demandent à concourir pour la Gendarmerie.

Paris, le 26 mars 1890.

RAPPORT AU PRÉSIDENT DE LA RÉPUBLIQUE FRANÇAISE.

Monsieur le Président,

La décision présidentielle du 30 septembre 1878 permet d'admettre les sous-lieutenants de l'armée dans la gendarmerie après un an d'activité de service dans leur grade.

Comme conséquence de cette disposition, les candidats peuvent être proposés s'ils ont un an de grade au 31 décembre de l'année courante. Les propositions étant établies à la date du 1er janvier, il en résulte que l'ancienneté de certains candidats peut, au moment où ils sont admis, ne pas excéder de beaucoup une année.

Ce mode de procéder ouvre par suite l'accès de la gendarmerie à des officiers dont l'expérience et la maturité de caractère n'ont pas toujours pu être suffisamment appréciées. C'est ainsi que j'ai dû, à diverses reprises, réintégrer dans leur arme d'origine des sous-lieutenants que les chefs de corps avaient à tort considérés, au moment où ils les avaient proposés, comme présentant une aptitude suffisante. De semblables mutations sont contraires au bien du service et, d'un autre côté, elles portent aux intéressés, qui perdent pour leur ancienneté le temps qu'ils ont passé dans la gendarmerie, un préjudice qui ne peut être réparé.

Pour éviter ces inconvénients, il m'a paru nécessaire de n'admettre les sous-lieutenants de l'armée à concourir pour la gendarmerie qu'après un an de grade effectif au 31 décembre précédant la proposition, ce qui reviendrait à augmenter d'une année l'ancienneté exigée.

La restriction ainsi apportée aux dispositions de la décision présidentielle du 30 septembre 1878 n'entraverait pas, d'ailleurs, le recrutement, car elle est suffisamment compensée par les avantages exceptionnels faits aux sous-lieutenants de gendarmerie, qui, comme dans les armes spéciales, sont promus de droit au grade supérieur après deux ans d'exercice.

Le comité technique de l'arme, que j'ai consulté à ce sujet, a émis un avis conforme. Il a exprimé, en même temps, le vœu que, quand un sous-lieutenant ou lieutenant de l'armée est candidat pour la gendarmerie, il soit rayé du tableau s'il vient à être promu au grade supérieur avant sa nomination. Cette mesure me paraît devoir compléter heureusement les dispositions qui précèdent en empêchant les officiers de l'armée d'être nommés dans la gendarmerie avec un grade dont ils n'ont pour ainsi dire pas exercé la fonction.

Si vous approuvez les conclusions du présent

rapport, je vous prie de vouloir bien le revêtir de votre signature.

Les dispositions concernant l'ancienneté de grade des sous-lieutenants ne seront exécutées que pour les propositions à établir en janvier 1891, les sous-lieutenants proposés en janvier 1890 devant être admis à bénéficier de la réglementation existant au moment où ils ont été admis à concourir. Celles qui sont relatives à la radiation des officiers promus ne seront pas appliquées à ceux d'entre eux qui figurent au tableau actuel de concours.

Veuillez agréer, Monsieur le Président, l'hommage de mon respectueux dévouement.

Le Président du Conseil,
Ministre de la guerre,

Signé : C. DE FREYCINET.

APPROUVÉ :

Le Président de la République,

Signé : CARNOT.

NOTE MINISTÉRIELLE

déterminant le programme des examens à subir par les officiers et les sous-officiers de l'armée qui demandent à entrer dans la gendarmerie, ainsi que par les sous-officiers de cette arme présentés pour le grade de sous-lieutenant, et fixant des coefficients pour chacune des matières du programme. (D. Cav. ; Gendarmerie.)

Paris, le 22 mars 1890.

Le Président du Conseil, Ministre de la guerre, sur la proposition du comité technique de la gendarmerie, a décidé à la date de ce jour :

1° Que l'histoire et la géographie ne seraient plus comprises, à l'avenir, dans le programme des examens imposés aux officiers de l'armée qui désirent passer dans la gendarmerie ;

2° Qu'un coefficient, par ordre d'importance, serait établi pour chacune des matières comprises dans les examens que doivent subir les officiers et sous-officiers de l'armée qui sollicitent leur admission dans la gendarmerie et les sous-officiers de cette dernière arme présentés pour le grade de sous-lieutenant.

Les tableaux ci-après déterminent le programme de ces divers examens, ainsi que les coefficients fixés pour chacune des matières.

Examens à subir par les officiers de l'armée qui demandent à passer dans la gendarmerie.

1º PARTIE ACTIVE.

EXAMEN ORAL.

	Coefficient.
Décret du 1er mars 1854	10
Décret du 18 février 1863	6
Règlement du 10 juillet 1889	10
Loi du 19 mai 1834	2
Ecole du cavalier, du peloton et de l'escadron (à pied et à cheval)	8
Connaissances pratiques d'hippologie et d'hygiène hippique	8
Pratique d'équitation	8

EXAMEN ÉCRIT.

Rapport fictif	10
Procès-verbal fictif	10

2º POUR TRÉSORIER.

Mêmes coefficients, sauf les différences ci-après :

Décret du 18 février 1863	12
Décompte fictif (remplaçant le procès-verbal fictif)	12

Examens à subir par les sous-officiers de gendarmerie présentés pour le grade de sous-lieutenant.

1º PARTIE ACTIVE.

EXAMEN ORAL.

	Coefficient.
Décret du 1er mars 1854............................	10
Décret du 18 février 1863........................	6
Règlement du 10 juillet 1889.....................	10
Loi du 19 mai 1834....................................	2
Histoire et géographie...............................	7
Ecole du cavalier, du peloton et de l'escadron (à pied et à cheval).......................	8
Connaissances pratiques d'hippologie et d'hygiène hippique.......................................	8
Pratique d'équitation	8

EXAMEN ÉCRIT.

Rapport fictif...	10
Procès-verbal fictif.....................................	10

2º POUR TRÉSORIER.

Mêmes coefficients, sauf les différences ci-après :

Décret du 18 février 1863.........................	12
Décompte fictif (remplaçant le procès-verbal fictif)..	12

Examens à subir par les sous-officiers de l'armée qui demandent à passer dans la gendarmerie comme chefs de brigade.

EXAMEN ORAL.

Coefficient.

Décret du 1er mars 1854.................. 10

Titre préliminaire. — Section I : Spécialités du service de l'arme. — Section II : Du serment imposé aux militaires de la gendarmerie.

Titre Ier. — Chapitre Ier. — Section I : Organisation de la gendarmerie. — Section IV : Des congés et démissions.

Chapitre II. — Section I : Avancement des sous-officiers et gendarmes. — Section V : Récompenses civiles et militaires.

Titre II. — Chapitre II. — Section I : Dispositions préliminaires.

Titre III. — Chapitre II : Fonctions des sous-officiers de tout grade.

Titre IV. — Chapitre Ier : Service ordinaire des brigades. Dispositions préliminaires.

Chapitre II : Des correspondances et des transfèrements de prisonniers.

Chapitre III : Service extraordinaire des brigades.

Titre V. — Chapitre I. — Section III : Fautes contre la discipline et droit de punir. — Section V : Punitions des sous-officiers, brigadiers et gendarmes.

Chapitre II. — Section II : Conseil de discipline pour les gendarmes.

Règlement d'administration. (Décret du 18 février 1863.)

Coefficient 3.

De l'indemnité de service extraordinaire (art. 131 à 141).

Des indemnités pour perte de chevaux et d'effets (art. 189 à 191 et 198 à 200).
De l'indemnité de literie (art. 210).
De la masse individuelle (art. 236 à 238 et 255 à 257).
De la masse d'entretien et de remonte (art. 258 à 260).
De la masse de secours (art. 265 et 266).
Du logement (art. 361).
Paiement de la solde (art. 369 et 672 à 676).
Du livret des sous-officiers, brigadiers et gendarmes (art. 662 à 664, 666 à 669).

Règlement du 10 juillet 1889 sur le service intérieur.

Cofficient 10.

Titre I. — Chapitre VIII : Fonctions des chefs de brigade.
Titre II. — Chapitre X : Marques extérieures de respect.
Chapitre XIII : Plantons et gardes de police.
Chapitre XIV : Instruction.
Chapitre XV : Tenue.
Chapitre XVII : Congés et permissions.
Chapitre XVIII : Punitions (art. 236, 239, 240, 248, 249, 251, 252 et 253).
Chapitre XX : Réformes.
Chapitre XXI : Certificats de bonne conduite.
Chapitre XXII : Réclamations.

Histoire.

Coefficient 5 avec la géographie.

Eléments sommaires d'histoire de France, depuis le règne de Louis XIV jusqu'à nos jours.

Géographie.

Divisions de l'Europe. Bornes, fleuves et montagnes de la France. Divisions de la France par départements, et indication des chefs-lieux. Principales possessions coloniales de la France.

(Pour les sous-officiers présentés pour l'arme à cheval.)

	Coefficient.
Règlements sur les exercices de la gendarmerie départementale. — Ecole du cavalier et du peloton (à pied et à cheval)...........................	8
Hippologie et hygiène hippique. — Connaissances pratiques....................................	8

(Pour les sous-officiers présentés pour l'arme à pied.)

Règlement sur les exercices de la gendarmerie départementale. — Ecole du cavalier et du peloton (à pied). Coefficient 8.

EXAMEN ÉCRIT.

	Coefficient.
Rapport fictif...............................	10
Procès-verbal fictif..........................	10
Problèmes d'arithmétique sur les quatre premières règles................................	6

Le nombre de points que les candidats doivent obtenir pour être ultérieurement discutés par la commission de classement est fixé à la moitié du maximum.

La présente note, dont les dispositions sont applicables aux examens à passer en 1890, annule les décisions des 6 février et 30 mars 1863.

Paris et Limoges. — Imp. milit. H. CHARLES-LAVAUZELLE.

Loi sur la pêche fluviale, annotée et commentée par M. Bertrand, procureur de la République, à l'usage de la gendarmerie (5ᵉ édit.). — Brochure in-32 de 64 pages.................... » 50

Loi sur la police du roulage et des messageries publiques, commentée et annotée par M. Bertrand, procureur de la République, à l'usage de la gendarmerie. (3ᵉ édition). — Brochure in-32 de 48 pages......................... » 30

Extrait du décret du 10 août 1852 sur la police du roulage (notice destinée à être placardée à l'intérieur des voitures publiques)........ » 05

Décret du 3 novembre 1855 sur la police du roulage et des messageries publiques en Algérie, suivi d'un arrêté ministériel daté du même jour, annotés et commentés, à l'usage de la gendarmerie. — Brochure in-32 de 52 pages........ » 40

Du Droit des fonctionnaires publics de requérir la gendarmerie et la troupe. — Fascicule in-32, de 8 pages......................... » 10

Instruction sur la police des cafés, cabarets, auberges et autres lieux publics, avec la jurisprudence de la Cour de cassation sur tous les cas particuliers. — Br. in-32 de 48 pages. » 35

Loi sur la police sanitaire des animaux, promulguée le 22 juin 1882. — Fascicule in-32 de 36 pages................................. » 20

Instruction sur la police des chiens. Application des règlements de police dans les campagnes, dans les villes, à Paris et dans les communes du ressort de la préfecture de police. — Fascicule in-32 de 16 pages...................... » 25

Carnet-guide du gendarme 7ᵉ édition, revue, augmentée et mise à jour, volume entièrement modifié. — Vol. in-32 de 192 pages relié toile . 1 25

Nouveau Vade-mecum de la gendarmerie, par M. le lieutenant Berthet, commandant d'arrondissement. — Joli volume in-32 de 130 pages, relié toile anglaise................................ 1 25

(Voir la suite page 4 de la couverture.)

Manuel du gendarme, pour servir à la rédaction des procès-verbaux, indispensable à tous les sous-officiers, brigadiers et gendarmes soucieux de bien remplir leur mission (10e édition). — Volume in-32 de 100 pages, relié toile. » 80

Modèles d'analyses de procès-verbaux, pouvant s'appliquer à tous les cas qui se rencontrent dans la gendarmerie. — Fascicule in-32 de 20 pages.................................. » 30

Carnet de poche à l'usage des commandants de brigade et des gendarmes, pour servir à l'inscription des signalements, mandats de justice et ordres de recherche, avec table alphabétique, papier blanc réservé pour notes, relié toile avec coulisseaux :
    De 130 feuillets...................... 1 50
    De 236 feuillets...................... 2 50

Manuel sur les pensions de retraite des officiers, sous-officiers, brigadiers, caporaux, soldats ou gendarmes, et sur les pensions des veuves et secours aux orphelins, avec tarifs, annotations et explications utiles à la gendarmerie. — Brochure in-8º de 52 pages, avec nombreux tableaux (5e édition)... 1 »

Instruction du 27 août 1886, relative aux demandes de secours................................ » 50

Le livre d'or de la gendarmerie, spécialement consacré aux bienfaiteurs de l'arme. — Ouvrage in-8º de 200 pages, sur papier de luxe, enrichi de nombreuses et magnifiques photogravures hors texte, relié toile anglaise.. 3 »

Annuaire spécial de l'arme de la gendarmerie pour 1890. — Brochure in-8º de 260 p.. 3 »

Almanach de la gendarmerie pour 1890. — Brochure in-32 de 216 pages................. » 60
    Relié toile anglaise................. 1 »

Le catalogue général est envoyé *franco* à toute personne qui en fait la demande.

www.ingramcontent.com/pod-product-compliance
Lightning Source LLC
Chambersburg PA
CBHW060625050426
42451CB00012B/2440